MERRY CHRISTMAS

TO ------------------------------

FROM ------------------------------

Animals

```
C L Z Z G F A C Z S
A W D B L F I S H W
T M F I I G C P Q N
Z M C R O P T X O Z
M D Y D R Q G I V T
K S U R S W V R Z H
O W D E A Y P A P P
H R M V P J F C H K
B O P B Y W Y O R H
V Z I M I M H A R I
```

CAT

DOG

FISH

BIRD

Body

Q	W	W	R	X	A	I	X	V	P
H	B	Q	Z	G	T	I	Y	W	X
A	F	H	M	O	U	T	H	H	S
N	E	X	Q	W	K	J	Q	U	U
D	I	G	V	S	G	V	S	Z	D
Y	B	O	D	Y	U	G	E	N	R
I	E	Y	E	E	Q	B	O	K	E
M	J	Z	E	S	C	F	F	Y	U
X	Q	F	X	J	G	A	R	W	I
F	L	W	J	N	O	S	E	J	I

HAND

MOUTH

EYE

NOSE

Colors

```
W F S G G Z F M X P
F S V K O G R E E N
Y V F I W P L Z O R
V E C O V F V S U E
A T L J N M N X K D
E G Q L P W V K L Z
B T R T O D R B U D
C X Q W Q W N L X B
Y Q D N C Q W U R S
C I X H V R M E D Z
```

RED

GREEN

BLUE

YELLOW

Downtown

E	F	B	M	Z	S	A	R	T	G
K	I	U	Z	L	V	H	Z	C	W
F	Y	I	B	H	K	V	G	G	S
W	J	L	W	C	F	T	Z	A	O
R	U	D	H	L	I	G	H	T	N
F	W	I	E	H	X	W	F	R	N
X	A	N	E	E	P	N	O	F	I
O	G	G	L	S	U	H	G	U	E
L	J	G	A	P	O	G	Y	T	P
E	E	M	B	A	H	G	K	C	R

BUILDING

LIGHT

HORN

WHEEL

Drinks

P	O	M	J	L	C	M	Q	W	I
J	U	L	X	N	Q	E	U	S	G
E	J	A	U	T	A	W	C	A	E
P	U	C	P	Z	L	H	O	N	K
L	I	Y	X	N	C	D	Y	L	C
C	C	W	A	T	E	R	I	I	M
K	E	D	L	D	B	M	G	C	O
U	I	B	G	P	Y	C	W	E	S
X	P	R	Q	Q	X	N	M	W	J
K	T	E	F	U	A	B	G	W	N

JUICE

WATER

MILK

ICE

Emotions

S	H	R	A	H	T	T	J	L	A
P	K	T	T	D	V	D	N	O	B
B	K	O	T	N	J	X	S	Y	E
S	N	X	L	H	A	P	P	Y	X
Q	F	W	U	S	A	D	K	C	C
X	K	T	P	D	G	M	R	T	I
I	P	Y	O	X	I	A	M	A	T
L	B	O	P	C	T	F	C	N	E
G	V	H	Q	O	F	S	M	A	D
L	Y	Z	T	W	R	X	M	A	T

HAPPY

SAD

EXCITED

MAD

Family

```
M  X  X  P  N  A  T  K  I  S        SON
C  O  A  Z  M  P  U  G  E  M        DAUGHTER
A  W  Z  L  Z  T  U  R  W  V        MOTHER
R  S  O  N  Y  N  E  E  R  Y        FATHER
P  S  F  I  R  T  N  E  I  A
N  T  S  A  H  A  H  E  I  M
Y  V  D  G  T  T  H  S  L  F
O  C  U  P  O  H  F  T  X  R
Y  A  M  M  F  H  E  R  K  S
D  E  Q  E  A  V  K  R  O  V
```

Fitness

```
L U N C G E V I M S
C V T H B K O A F E
T L I S P R I N T M
V I G S G B Q B F L
M S I T B P E I V L
F T C R Q J U M P Y
K E K E S Y D Q Y F
L W L T Z A I O U C
N I N C L I M B Q Z
W R V H T O X J R N
```

SPRINT

JUMP

STRETCH

CLIMB

<u>Food</u>

```
N L Z C B N W X D H
Q H K D U L K G U K
V T Y A R R J Y U W
A K O N G F I P U L
P C Z A E U R O M S
P C A B R H A V K W
L T S D B A N A N A
E A C F R I E S S W
Z Y R H B O A M G H
J L K T L L X P K M
```

APPLE

BANANA

BURGER

FRIES

Games

```
R U K U B C Y A Q K        FUN
Z K Z Y L W G Y K M        SKILL
G E K H Z C D L Z U        LUCKY
O N P L Q J S G G R        PLAY
Z T L U P F C V Y Q
Z L A V B N V K Q A
X L Y M Z V C B O T
Y V Q B O U G N A J
S K I L L V U I Q J
F L V Q K F K V X B
```

History

```
K S A J D Y X Y B I
R U H H D A T E E Q
I G M S R O K P K E
Y G J G F G K T E P
Y R O T N O E P Z A
T T O I I N V Y D S
T R G F T E F Q R T
Q D U N R J T V A L
K N V S L D H Z F K
B N F C T A I M T C
```

PAST

DATE

DRAFT

TRUST

Home

```
S L G W B T M T C M
B R O R V V T H W I
B J B J R R U Q M S
S Q V O K A H O B B
A Y H S O D P T Z M
S L Z H W I H O V V
L P E Y C O U C H M
Y A X W Y S Q I K L
U Q M R H O U S E N
Q R G P Z G I J X J
```

HOUSE
RADIO
COUCH
LAMP

Math

M	I	H	H	T	O	A	D	Y	Y
L	T	S	U	T	N	X	L	N	Y
S	X	A	M	S	F	P	F	J	R
F	X	D	I	V	I	D	E	Y	O
X	H	D	K	T	K	X	O	T	F
G	R	B	L	L	K	E	M	A	X
K	P	U	W	I	L	L	H	K	J
I	M	S	U	B	T	R	A	C	T
T	B	Y	M	S	X	F	E	C	Q
O	U	G	Q	B	F	S	Q	U	K

ADD

SUBTRACT

DIVIDE

MULTIPLY

Music

E	E	I	O	Q	R	Y	Z	A	U
Z	Q	X	G	U	M	V	F	X	V
V	F	C	T	R	E	B	L	E	L
P	V	L	P	M	B	C	L	E	Q
D	Z	M	T	Z	I	A	I	F	G
Q	S	Q	H	P	F	Q	S	N	P
E	Z	Q	S	C	Y	P	I	S	T
X	A	X	C	N	P	S	T	A	T
V	X	M	M	V	W	M	H	G	B
N	H	H	E	A	R	J	K	Y	W

SING

TREBLE

HEAR

BASS

<u>Nature</u>

```
S O X M F T N X I M
L F N I T X D E F F
A S I F U Z R A N E
C Q V L C E E R Y Q
F J W O L A O T P R
M Y G W O R G H A A
T Q V E U W I L K W
V J S R D S C V M V
I T Q O S X F V E F
L H O J G W P P J R
```

FLOWER

EARTH

CLOUDS

RIVER

Outdoors

```
K C U Q Y L P K T E
A A G B X C T K M V
M E O U Y G Z R M S
D L N G H Y X K E E
P E F F R S Z O Q E
B A D W Q A B G Y D
R F W G R A S J Z U
M D R J S U D S J I
Y S A Q F J O N Q M
O F B I K B P V Q G
```

TREE
GRASS
LEAF
SEED

School

```
P V J H C C Q E L D        PENCIL
N F T C O L O R P G        PEN
K X B C Y B E P G O        COLOR
U M L L X A C W E Y        GLUE
G B A N X H G R L N
P X X T R I P I O G
L N D A E N C Z V L
Z E T D A N B E R U
W F A J E C R S X E
K R U P L V L E K A
```

Seasons

```
J  I  V  X  H  T  D  J  U  M
W  V  K  T  Q  A  O  H  P  Q
I  O  S  P  R  I  N  G  D  I
N  F  W  S  G  L  Z  F  S  H
T  W  M  X  U  F  Y  A  G  H
E  G  Y  N  I  M  D  L  Z  X
R  Y  F  I  A  D  M  L  M  R
Z  R  Y  W  P  W  N  E  O  O
D  Z  S  Z  P  H  W  U  R  Y
W  O  B  X  J  N  E  H  O  O
```

SUMMER

WINTER

FALL

SPRING

Science

X	U	P	Y	Z	G	A	C	O	L
P	A	K	P	T	Y	T	S	K	T
V	M	H	C	L	C	O	O	L	X
V	X	M	A	H	T	M	J	R	O
D	D	I	J	X	Z	I	D	G	C
A	B	X	Z	X	L	H	F	K	R
C	D	I	H	R	I	B	A	X	S
I	I	N	P	T	V	R	E	B	C
D	T	G	A	T	T	M	A	K	X
M	Z	F	Q	F	J	L	A	V	V

COOL

MIXING

ACID

ATOM

Sports

```
Y A H U S O C C E R
N L S G D J N Q P H
T Y B A S E B A L L
I F E N Z Y Y J C F
J I Y A F J Q C T G
Y W A L A E C A D Z
X E O I Y Z E R M X
F G F O O T B A L L
U V P D I L Z K O T
N V O I N D W G Z M
```

SOCCER

FOOTBALL

BASEBALL

GOLF

Summer

```
A G T M A D S H G T
S I P E T J Z L O B
Q B C A G N L H V N
V H E M Z C G O G W
M W I S M N S D J I
S W B W C H E M S S
S B E C F N T J O X
O H F S T A Y U Q N
B N M M W R S F X N
P O O L A D L M K T
```

POOL

HOT

SWEAT

SWIM

Vegetables

```
L P E A S Q Q W G L        TOMATO
U C A R R O T Y E A        LETTUCE
T O M A T O E J M E        CARROT
Q F W X C U J E H C        PEAS
E A K O Z Z D Z C U
Q A G J K T F Y S U
W U S Q N P O P J N
L E Z O R S X X J G
L E T T U C E L K C
B H Q P E E X Q N P
```

Verbs

S T A Q L H U C G C
G I V Q I M N N H P
O K T Z R W Q S G G
N P A Q J A H P X Z
G C L B B R J Q K Z
F E K S F B C Z O V
J A S T L F F K B X
U T P F U H L R N Q
M F D Z H W T J L Z
P E A J C Q H K E M

JUMP

SIT

TALK

EAT

51457430R00031